AF349592

# LETTRE

## D'UN COLON DE SAINT-DOMINGUE.

BIBLIOTHÈQUE ROYALE

IMPRIMERIE ANTH⁰. BOUCHER, RUE DES BONS-ENFANTS, N⁰. 34.

# LETTRE

D'UN COLON DE SAINT-DOMINGUE,

*A Messieurs les habitants, planteurs et négociants des autres Antilles de l'archipel du Mexique.*

Messieurs,

Trente mille individus créoles, restes déplorables des familles infortunées que l'incendie de Saint-Domingue a détruites ou dispersées depuis vingt-cinq ans, peuvent-ils craindre aujourd'hui de vous trouver indifférents au tableau de leurs longues souffrances, lorsqu'ils ne vous les rappellent que pour vous ouvrir les yeux sur vos intérêts les plus chers, et sur vos dangers imminents ?

La torche qui a mis le feu à Saint-Domingue brûle encore ; elle est dans les mains de ces noirs incendiaires répandus dans tout l'archipel. Il s'agit de l'éteindre. Deux millions de ces ennemis de l'humanité menacent tous les bords de la Méditerranée mexicaine ; chacune des brillantes colonies qui les embellissent est déjà marquée pour devenir un des bûchers de l'auto-da-fé général où seront consumés tous les fruits de la culture et de l'industrie européennes.

Créoles, de quelque nation que vous soyez, craignez de vous endormir sur le cratère du volcan, et prévenez-en les explosions funestes.

Si des obstacles physiques, disait un publiciste éclairé, si la jalousie et la rivalité entre deux usurpateurs n'eussent divisé Saint-Domingue en deux gouvernements ennemis, la puissance de l'empire noir, réunie dans une seule main, se fût déjà déclarée contre vous, et la ruine qui vous menace serait consommée comme la nôtre. Maintenant que l'empire de Christophe et la république de Boyer ne forment plus qu'un seul état, réfléchissez à tous les malheurs que vous devez en attendre, et que la conquête récente de San Domingo vous instruise.

C'est pour vous-mêmes, et non pour nous seuls, qu'il s'agit de réunir une masse d'efforts pour empêcher ou retarder une horrible catastrophe. Que notre exemple vous éclaire. Combien de secousses la Guadeloupe, la Jamaïque, la Havane, Antigoa et la Barbade, n'ont-elles pas déjà ressenties ? Demain, tout peut s'engloutir dans le même gouffre si l'on ne s'empresse de le fermer.

Quoi ! l'Afrique conquerrait l'Amérique, en dépit des lumières de l'Europe ! Quoi ! les arts et les sciences finiraient par être étouffés sous le joug humiliant de l'ignorance et de la barbarie d'un ramas de sauvages !

Combien nos imprudents novateurs n'ont-ils pas à rougir des sanglants résultats de leurs rêves philanthropiques ! il doit aujourd'hui leur paraître assez prouvé qu'ils ont créé le plus violent despotisme, là où ils croyaient stipuler les intérêts d'une heureuse mais fantastique liberté. Si l'on conçoit à peine quel fut alors leur aveuglement sur d'aussi grands intérêts, leur indifférence sur d'aussi grands maux, qui furent leur ouvrage, serait aujourd'hui bien plus inconcevable encore.

Quelle indemnité peuvent-ils offrir à la France pour les 168 millions que cette colonie mettait chaque année dans la balance de son commerce ? Qui remplacera l'emploi de 1640 bâtiments, de

26,770 matelots qui servaient à ses exportations, et de 500,000 nègres qui exploitaient à son profit une aussi riche agriculture ?

Il reste à peine un tiers des nombreux ateliers qui créaient tant de richesses ; ils languissent et dépérissent successivement ; ils n'exploitent plus rien pour la France, et bientôt ne seront plus utiles à personne.

En effet, les deux cohéritiers du premier usurpateur, Toussaint - Louverture, qu'ils ont pris pour modèle, mais qu'ils ont surpassé, sinon en puissance, du moins en tyrannie et en férocité, Christophe et Boyer ne se sont soutenus qu'en immolant à chaque instant de nouvelles victimes à leur avarice. Que va-t-il arriver maintenant que cet horrible héritage est réuni dans une seule main ?

S'il existe encore quelque culture dans cette belle colonie, ce n'est plus, comme autrefois, pour alimenter et entretenir le commerce de l'Europe ; c'est pour satisfaire de cruels caprices ; c'est pour flatter la sotte vanité d'un luxe ridicule que le peu qui reste de ces malheureux nègres courbe la tête sous une main de fer, et gémit dans le plus insupportable esclavage.

Saint-Domingue ne forme plus aujourd'hui qu'une république de toutes couleurs. Quelques chefs, nègres ou mulâtres, dont le nombre est en raison inverse d'un pouvoir sans limites, commandent avec une dureté inouïe ce malheureux troupeau d'ilotes : soit qu'ils les arment d'un fusil, soit qu'ils les attachent à la houe, c'est le pistolet sous la gorge ou le fouet levé sur leurs épaules qu'ils font mouvoir ces forces vivantes et courbées, ces machines animées. Si l'un de ces misérables ose désobéir, ils lui ordonnent d'aller se faire fusiller ; et , s'il hésite d'obéir à cet ordre barbare, ils le font eux-mêmes enterrer vif. Telle était la discipline de leurs prédécesseurs, Toussaint-Louverture et Dessalines, et c'est celle dont leur génie imitateur ne s'écarte jamais.

Cependant, malgré la stupide barbarie de ses cultivateurs, la fertilité du sol surpasse les espérances de leur cupidité, et d'avides monopoleurs ne rougissent pas d'accaparer les productions de cette faible et dépérissante industrie. Ils viennent les exposer dans les marchés de l'ancienne métropole, au détriment de la Martinique et de la Guadeloupe, dont ces vils spéculateurs dédaignent les denrées et abandonnent le commerce, pour courir s'emparer de celles que les princes de Christophe et les patriciens de Boyer leur prostituent au plus vil prix.

Ils leur donnent, en échange, de frivoles objets d'un luxe ridicule, qui coûtent peu, mais auxquels ces demi-sauvages attachent une valeur d'autant plus grande que leurs fantaisies ou leur goût barbare comptent pour rien les sueurs de leurs soldats esclaves qu'ils épuisent pour les payer.

C'est ainsi qu'une tapisserie aux armoiries de Christophe, brodée à Lyon, lui fut vendue 600 mille francs, et qu'un service de porcelaine, pris à Paris, a été échangé contre une immense cargaison de denrées coloniales. C'est ainsi que de riches uniformes en velours cramoisi, doublés de bleu, parsemés de paillettes et de diamants faux, des bonnets de liberté, des cordons, des crachats, des glaives, leur ont été expédiés de Paris même. Comme, au retour d'une campagne, le butin des soldats devient la proie des Juifs qui ont suivi l'armée; de même le fruit de nos propriétés se vend chaque jour sous nos yeux au profit du brigandage et du monopole.

Ces échanges se font avec d'autant plus d'avantage que tous ces gens de couleur sont possédés de l'amour effréné du luxe, et de tout ce qui brille aux yeux de leur naïve curiosité et de leur avide convoitise.

Voilà donc où aboutit ce progrès des lumières dont on disait nos nègres susceptibles, et dont on berce encore en France la crédulité de quelques bons et simples négrophiles qui ne conçoivent pas qu'il y ait une différence à faire, aux yeux de la philosophie, entre un Cafre, un Lapon, un Hottentot, et un paysan de l'Alsace, de la Normandie ou de la Touraine.

Mais, parmi ces amis des noirs, il en est qui ne sont pas si simples, et qui, ne se laissant pas abuser par une théorie niaise et sans but, profitent adroitement des circonstances.

A qui donc, si ce n'est à eux, attribuerons-nous l'état de misère et de désolation dans lequel se trouvent aujourd'hui les quatre colonies qui restent à la France ?

La direction suprême de la marine et des colonies déploie le même appareil administratif que si elles étaient dans l'état le plus florissant; elle vient de s'adjoindre une assemblée de colons et de négociants qu'elle a expressément invitée à donner son avis sur les moyens de sortir de cette crise vraiment alarmante, mais dont le monopole se fait un jeu perfide et cruel. Ces créoles parlent, écrivent et cherchent de bonne foi un remède à cette affreuse position : cependant rien ne change, tout va le même train, c'est-à-dire, vers une ruine certaine et un entier dépérissement.

On assure qu'il existe une compagnie de ces

monopoleurs tellement adroite, qu'elle est invisible pour le ministère lui-même; que cette compagnie, qui ne voit que ses intérêts particuliers, profite de l'inattention du gouvernement, qu'absorbent des objets d'un ordre bien supérieur, pour se livrer à toute espèce de commerce interlope.

On dirait que le parti est pris de ruiner les petites Antilles : les sucres anglais du Bengale, les sucres hollandais, les sucres de la Louisiane, du Brésil et de la Havane, sont les marchandises sur lesquelles ces monopoleurs spéculent aux dépens de ces malheureuses colonies, dont les produits éprouvent, dans les ports de France, la plus décourageante défaveur.

Il semble cependant que l'exemple de l'Angleterre et de la prospérité réciproque de cette métropole et des filles de son industrie, indique assez à notre gouvernement la nécessité de séquestrer les denrées étrangères pour les réexportations du commerce extérieur, et de ne permettre en France d'autre consommation que celle des denrées nationales; mais on rejette ce moyen si simple, qui détruirait d'un seul coup des spéculations parricides.

De quelque manière que cela se fasse, il est certain, qu'en dépit de notre régime exclusif, nos armateurs ne peuvent vendre les denrées françaises à aussi bon marché que celles qui proviennent de l'étranger, et que ces dernières obtiennent sans cesse, dans la concurrence, les plus grands avantages dans nos ports. Il faut donc que ces armateurs cessent leurs expéditions, que nos colons renoncent à leurs cultures, car c'est à cette extrémité qu'on semble vouloir les réduire.

( 9 )

Où trouverons-nous un Colbert, dont les mains fermes et la conscience pure puissent enfin tenir la balance du commerce dans un juste équilibre? Je doute qu'au milieu de la soif de l'or qui dévore tant de gens, et qui semble annoncer la dissolution générale de l'ordre social, il soit possible de le rencontrer.

Que doit-on augurer du sort futur de nos colonies, que l'on n'a l'air de conserver que parce qu'en vérité il serait trop criant de les abandonner? Elles ressemblent à ces victimes innocentes du vice que l'on expose aux portes des hôpitaux pour éviter de s'en débarrasser plus inhumainement. Espérons qu'enfin un ministre de la marine ne dédaignera pas, dans ce siècle d'impiété, de s'honorer des vertus d'un Saint-Vincent-de-Paule, en sauvant, comme lui, ces enfants prêts à périr d'inanition et de besoin.

Voilà, Messieurs, le sort que vous réserve cette nouvelle espèce de négrophiles, qui s'apitoye sur la traite. Ne vous le dissimulez pas : ils vous traiteront comme nous dès qu'il vous auront réduits au même état de détresse et d'infortune où vous nous voyez.

Mais il est encore des dangers plus imminents qui vous menacent et qui nous désespèrent.

Si le Roi est forcé d'ajourner les droits de sa légitimité souveraine, dont on lui a conseillé l'abandon, à plus forte raison devons-nous nous attendre à voir ajourner les droits incontestables de notre propriété; ces droits sacrés ne seraient pas sans espérance si l'on apercevait que l'on donnât une attention sérieuse à la conservation des petites Antilles : par le prix qu'on semblerait y mettre, nous jugerions de l'intérêt plus ou moins réel qu'on nous conserve.

Mais, loin de découvrir le plus léger indice de ces vues sagement paternelles, ne voyez-vous pas qu'on s'entend proposer de sang-froid, comme gage de la soumission éventuelle de Saint-Domingue, l'affranchissement immédiat des nègres de la Martinique et de la Guadeloupe? « Le régime » de liberté sous lequel vous les ferez vivre, sera, » pour nous, disent leurs pareils, l'assurance la » plus positive de vos promesses et le gage du » sort que vous nous préparez. » Tel est le langage des négociateurs de Boyer.

Ainsi, au lieu de songer à reconnaître la légitimité du Roi de France, ces perfides insurgés exigent que la Martinique et la Guadeloupe leur soient assimilées et livrées en otage.

Vous frémissez de voir des négociateurs français, stipulant au nom de leur Roi, se laisser avilir à ce point par des rebelles; mais désabusez-vous : il ne faut voir dans tout cela ni négociateurs, ni négociations; mais bien des négociants, et les préliminaires d'un pacte entre des nègres insurgés et des monopoleurs avides. Quelle horrible turpitude!

On dit bien, et l'on affecte de répéter, qu'en compensation de tout ce que nous avons perdu, et de ce que vous êtes menacés de perdre, la liberté universelle des mers aura lieu un jour; que tous les ports du Nouveau-Monde seront ouverts à tous les pavillons de l'Europe; que cette révolution est inévitable; que c'est la France qui doit le plus la désirer, parce qu'elle doit le plus y gagner.... Ah! craignez, Messieurs, craignez, ainsi que nous, les illusions d'un rêve dont on voudrait encore amuser votre crédulité, en abusant de votre bonne foi.

Les charlatans ont toujours le bonheur à nous

offrir en perspective. Ne voyez-vous pas qu'il en
est de cette liberté universelle des mers, comme
de la liberté universelle du continent, comme de
la langue universelle, comme de la religion universelle, comme de la paix universelle, comme
de toutes ces universalités, en un mot, que se
forge une imagination en délire, mais qui n'ont
d'universel que le mépris qu'elles inspirent à
tout homme de sens?

On vous offre votre malheur éventuel comme
une image consolante, en nous disant que la
possession des autres puissances qui cherchent à
maintenir le régime exclusif dans leurs colonies,
ne sera bientôt que nominale comme l'est, pour
la France, la souveraineté de Saint-Domingue.
Voilà justement l'aveu du sort qui vous attend, et
que je ne vous prédis pas en vain. Sans doute
vous serez dégagés de l'exclusif que vous impose
votre métropole, lorsque, comme nous, vous
tomberez à la discrétion de vos nègres. Voilà le
cri de l'abîme, qui déjà vous appelle comme ses
nouvelles victimes.

Quel est donc le remède à des maux aussi
grands, lorsque ceux qui prétendent le posséder
ne savent le chercher que dans la catastrophe
elle-même, dans des débris, dans des ruines?

Ils le trouvent dans cette prétendue indépen-
dance universelle. Suivant eux, vous serez,
comme nous, plus riches quand vos propriétés
auront subi la loi agraire ou appartiendront à
tout le monde! Voilà le plus clair raisonnement
des novateurs. Ils conspirent ouvertement la
destruction de toutes les colonies; ils veulent les
brûler pour les faire renaître de leurs cendres,
plus fertiles et plus brillantes, sous l'heureuse in-
fluence du phénix africain.

Telle fut, depuis trente-trois ans, cette fureur de tout détruire pour rebâtir; c'est à elle que la France a dû tant et de si douloureuses métamorphoses! Cette maladie, que tant d'empiriques nous inoculent, et que si peu guérissent, fera le tour du globe, si l'on n'arrête ses progrès; elle ouvrira sans cesse de nouveaux abîmes, elle multipliera à l'infini des calamités qui n'auront plus de terme.

En ce qui concerne les colonies, son résultat certain est de rendre les nègres maîtres absolus du golfe du Mexique, de sorte qu'aucune nation européenne n'y pourra pénétrer. Une confédération de corsaires noirs couvrira cette mer de rapines et de brigandages.

Ainsi, cette belle civilisation du continent américain, qu'on nous peint sous des couleurs si séduisantes, rétrogradant vers la barbarie, au nom d'une trompeuse liberté, va s'éclipser et se perdre dans le plus honteux esclavage.

Les lumières de ce siècle sont si éclatantes qu'elles nous éblouissent et nous aveuglent au point de nous persuader que nous devons abandonner à des Africains, hier encore nos esclaves, la propriété du moderne jardin des Hespérides, et la garde de ses pommes d'or. O honte de l'esprit humain, dont la prétendue perfectibilité n'est autre chose qu'une dégradation ou une chimère!

J'ai l'honneur d'être, etc.

Le comte de....., *colon échappé à l'incendie du Cap.*

(EXTRAIT *de la neuvième livraison du tome V de la reprise du* MERCURE ROYAL.)

www.ingramcontent.com/pod-product-compliance
Lightning Source LLC
LaVergne TN
LVHW010920180726
843502LV00010B/4218